1

Lo zucchero ti fa diventare stupido, grasso e malato

La prossima generazione dell'assistenza sanitaria

Marcus D. Adams

Edition : BoD - Books on Demand

12/14 rond-point des Champs Elysées

75008 Paris

Imprimé par BoD – Books on Demand, Norderstedt

ISBN : 978-2-3222-2304-6

Dépôt légal : 10/2020

Introduzione

Utilizzando questo libro, accetti in pieno queste condizioni.

Nessuna indicazione

Il libro contiene informazioni. L'informazione non è un'indicazione e non dovrebbe essere recepita come tale.

Se pensi di avere una malattia dovresti consultare immediatamente il medico. Non ritardare, trascurare o seguire mai in maniera discontinua le indicazioni del medico a causa delle informazioni del libro.

Nessuna rappresentanza o garanzia

Escludiamo nella misura massima della legge applicabile alla sezione sottostante ogni rappresentanza, garanzia e iniziativa relativa al libro.

Fatta salva la generalità del paragrafo precedente, non rappresentiamo, garantiamo e non ci impegniamo o assicuriamo:

- che le informazioni contenute nel libro siano corrette, accurate, complete o non ingannevoli;

- che l'uso della guida nel libro porterà particolari risultati.

Limitazioni ed esclusioni di responsabilità

Le limitazioni ed esclusioni della responsabilità descritte in questa sezione e altrove in questo disclaimer: sono soggette alla sezione 6 sottostante; impediscono tutte le responsabilità derivanti dal disclaimer o relative al libro, incluse le responsabilità inerenti al contratto, a illeciti civili o per violazione degli obblighi di legge.

Non siamo responsabili di qualsiasi perdite o eventi che vanno oltre il nostro controllo.

Non siamo responsabili riguardo a perdite economiche, perdite o danni a guadagni, reddito, utilizzo, produzione, risparmi, affari, contratti, opportunità commerciali o favori.

Non siamo responsabili riguardo a qualsiasi perdita o danneggiamento di qualsiasi dato, database o programma.

Non siamo responsabili riguardo a qualsiasi particolare perdita o danno indiretto o conseguente.

Eccezioni

In questo disclaimer niente può: limitare o escludere la nostra responsabilità di morte o lesione personale causata da negligenza; limitare o escludere la nostra responsabilità per frode o false dichiarazioni; limitare le nostre responsabilità in qualsiasi modo vietato dalla legge; o escludere le nostre responsabilità che non possono essere escluse dalla legge.

Separabilità

Se una sezione di questo disclaimer è giudicata illegale e/o inapplicabile dalle autorità competenti, le altre sezioni continuano ad essere valide.

Se qualsiasi sezione illegale e/o inapplicabile sarebbe legale o applicabile cancellandone una parte, verrà considerata la possibilità di cancellare quella parte e il resto della sezione continuerà ad essere valida.

Legge e giurisdizione

Questo disclaimer sarà disciplinato e intepretata conformementedalla legge svizzera, e ogni disputa relativa a questo disclaimer sarà soggetta all'esclusiva giurisdizione dei tribunali della Svizzera.

INTRODUZIONE

Lo zucchero, il tuo peggior incubo!

Lo zucchero, non è tuo amico. In realtà è il tuo peggior incubo. Lo so che ti piace, ma fermati. Ora. Prima che entri troppo in profondità. Lo so che lo desideri, ma fermati. E non solo per ora, PER SEMPRE! Lo so che è difficile, ma io l'ho fatto. Sono 2 anni che non uso il saccarosio. E sì lo so, lo zucchero è presente in molte forme, ma sto parlando del SACCAROSIO. La sua forma aggiunta a quasi tutto quello che mangi. Guarda bene cosa mangi, 9 volte su 10 contiene zuccheri lavorati. Questo zucchero non è naturalmente presente nel tuo cibo, è stato aggiunto! Lo zucchero è cattivo, molto cattivo. E' noto per essere una sostanza anti-nutritiva. Quello che voglio mangiare, è solo qualcosa che tolga quello strato di nutrienti dal mio corpo. Lo zucchero è noto per causare il cancro! Accidenti! Lo zucchero ferma gli ormoni! Ahh! Lo zucchero causa il diabete! Lo zucchero soffoca il sistema immunitario! Cosa? Lo zucchero fa venire la carie ai denti! Oooh! Lo zucchero causa una scarsa mineralizzazione! Grande! La lista continua ... Hai capito? Analizziamo lo zucchero ed i suoi effetti sul corpo.

Lo zucchero o saccarosio è fatto di fruttosio e glucosio. Il glucosio è il semplice zucchero che la maggior parte delle nostre cellule usano per l'energia. Il glucosio può essere trovato in molti carboidrati, dal riso al pane ed anche nello zucchero da tavola. Quando abbastanza glucosio è assorbito dal corpo il tuo cervello invia il segnale "Sono pieno" così smetti di mangiare. Questo significa che il livello di glucosio nel tuo sangue va bene per ora. Quando vedi i diabetici misurare il loro sangue, stanno misurando i livelli di glucosio. Questo gli permette di sapere se il livello di zucchero nel sangue è alto o basso. La maggior parte di chi soffre di stanchezza cronica può dirti se il loro livello di zucchero nel sangue è troppo alto o basso. I sintomi per un basso livello di zuccheri nel sangue possono essere: sentimenti irritabili o aggressivi, nervosismo, mal di testa, fame, tremore, problemi del sonno, sudorazione, formicolio o torpore della pelle, stanchezza o debolezza e pensieri confusi. I sintomi per livelli alti di zucchero nel sangue possono essere: fame frequente, specialmente fame spiccata, sete frequente, specialmente eccessiva, frequente minzione, vista appannata, stanchezza (sonnolenza), perdita di peso, ferite che guariscono male (tagli, graffi, ecc.), bocca secca, pelle secca o che prude, formicolio ai piedi o ai talloni, disfunzione erettile, infezioni ricorrenti.

Il fruttosio, o lo zucchero della frutta, è l'altra metà del saccarosio ed è metabolizzato dal fegato per creare il glucosio. Più fruttosio consumi, più lavoro deve fare il tuo fegato. Il saccarosio è fatto per metà di fruttosio e per metà di glucosio. Lo sciroppo di mais ad alto contenuto di fruttosio, è fatto da un po' più della metà di fruttosio ed il resto è glucosio. Ora, potrai pensare "Il saccarosio non sembra così male se è fatto da due zuccheri naturali che sembrano scomporsi in energia per le nostre cellule". Bene, c'è qualche fattore non considerato in questa affermazione. La frutta, che contiene fruttosio, è fatta di fibre. Anche queste fibre sono usate per far mandare dal tuo cervello il segnale "Sono pieno ". Il problema è che il saccarosio è lavorato dallo stelo e dalla pianta della canna da zucchero e della barbabietola da zucchero, rispettivamente. Una volta strappate queste fibre, il saccarosio allenta il suo "segnale spegni ", creando un falso sistema di feed back al tuo cervello. Questo è perché puoi bere una quantità quasi illimitata di bibite. Non c'è niente che mandi il segnale "Ho mangiato abbastanza zucchero, per favore fermati!". Quindi facciamo un piccolo confronto tra gli zuccheri in generale (fruttosio, saccarosio e glucosio):

Un litro di cola ha circa 108 gr di zucchero (34 once fluide = 1 litro; questa è all'incirca la normale consumazione giornaliera di un Americano medio). Una lattina da 0,33 litri contiene circa 39 gr di zucchero. Una banana ne contiene circa 17 gr.

Diciamo che ne bevi 1 litro al giorno. Semplici calcoli ci dicono che dovresti mangiare un po' più di 6 banane al giorno! Visto? Quando è stata l'ultima volta che hai mangiato 6 banane in un giorno? Sicuramente mai. Ok. Quindi non bevi così tante bibite, ma forse una lattina da 0,33 lt. qua o la. E' sempre di poco al di sotto di 2 banane a seduta. La maggiorparte di noi non mangerebbe mai 2 banane di seguito. Questo è solo il confronto con un frutto molto dolce. Proviamo con un vegetale per divertimento.

Broccoli:

3.5 once di broccoli hanno 1,7 gr di zucchero

1 lt di cola ne ha 108 gr

108/1.7 = 63.5

63.5*3.5 once = 222,35 once

16 once = 1 libbra

222,35once/16once = 13 libbre di broccoli = 5,89 kg

Ahhh! quasi 6 kg di broccoli hanno lo stesso contenuto di zucchero di 1 lt di cola. Che schifo! Verrai malato. I nostri corpi non sono fatti per consumare così tanto zucchero o vegetali in un giorno. Non siamo progettati per questo. Il saccarosio o zucchero da tavola è un cibo lavorato. E' stato privato del suo fattore limitante, perciò possiamo consumarne grandi quantità senza limitare il nostro conmsumo. Il corpo umano si è evoluto per millenni a mangiare zucchero nella sua forma naturale; dalla frutta o dai vegetali. Tuttavia, negli ultimi cento anni (dopo la rivoluzione industriale) il processo di convertire/privare il fruttosio ed il saccarosio delle loro fibre naturali è diventato di moda. Ora abbiamo macchine che lavorano ogni giorno creando zucchero da tavola lavorato. Abbiamo fatto diventare la creazione ed il consumo dello zucchero un facile procedimento. Una veloce ricerca su Google ti mostrerà il consumo medio dello zucchero su base annua.

68-77 kg di zucchero all'anno.

Facciamo qualche calcolo per divertimento. Il consumo annuale di zuccheri lavorati è equivalente a consumare quasi 4 kg di broccoli!!!! Questa è una vagonata di broccoli. Quando è stata l'ultima volta che hai mangiato così tanti broccoli? Figurarsi se li hai visti. Sicuramente mai. Devo andare avanti?

Alcune persone e qualche dottore classifica lo zucchero come droga. Sono sicuro che lo sai, ora, lo zucchero crea dipendenza. In fatti, ci sono molti studi che mostrano ratti che diventano dipendenti dal consumo di zucchero. Se hai anche solo provato a eliminare lo zucchero, sono sicuro che tu sappia quanto sia difficile da fare. La maggiorparte delle persone avrà intensi sintomi da astinenza che vanno dal malditesta a sbalzi di umore. Simili sintomi da astinenza sono visti con l'eliminazione del consumo di stimolanti come il caffè e le metanfetamine. Quindi è una droga? Beh, prima definiamo il termine "Droga". Le definizioni del dizionario Webster mostrano:

Droga – spesso si tratta di una sostanza illegale che causa dipendenza, assuefazione o un marcato cambiamento nella consapevolezza.

Lo zucchero crea dipendenza? Sì. Lo zucchero crea assuefazione? Sì, hai preso la tua bibita o barretta di cioccolato quotidiana? Lo zucchero causa un cambiamento nella tua coscienza? Sì, ti rende felice, giusto? Quindi tecnicamente può essere classificato come droga. In alcuni casi se ne abusi puoi classificarlo come droga, in altri casi è una necessità assoluta, quindi sono ancora indeciso se sia una droga o no. Allora, ti lascio decidere, io sono qui per darti un opinione. Comunque, so questo: lo zucchero non è fatto per essere consumato in grandi quantità senza fibre. Di nuovo abbiamo alterato una sostanza che si presenta naturale. Non possiamo lasciare il nostro cibo da solo, o sì. Vedrai che questo genere di cose viene fuori quando guardiamo ai differenti fattori del cibo in futuro. Mantieni la concentrazione.

Quindi dopo questo post abbiamo scoperto che il saccarosio lavorato in realtà non ha valore nutrizionale, solo pura energia. I nostri corpi usano questa energia con nutrienti e vitamine per un corretto funzionamento ed il ripristino delle cellule. Ma, finora, non abbiamo guardato un altro aspetto negativo del saccarosio. La carie.

Certo i dentisti amano lo zucchero! Li mantiene in affari, senza zucchero noi non avremmo la carie e loro un lavoro. Esaminiamo come lo zucchero è usato nel processo di creare una carie. Quando il saccarosio è ingerito le glicoproteine iniziano ad aderire ai tuoi denti. Presto millioni di batteri (Streptococcus mutans) iniziano ad attaccare le glicoproteine sui tuoi denti. Allora i batteri iniziano ad usare il fruttosio del saccarosio (ricorda il saccarosio è fatto di fruttosio e glucosio in parti uguali o quasi) per ottenere energia. L'acido lattico viene quindi espulso dalla glicolisi (il processo metabolico inclusi lo streptococcus mutans ed il fruttosio). Questo incrementa l'acidità che inizia a mangiare lo smalto dei tuoi denti et voilà, l'inizio di una carie! Suona divertente, eh? Vuoi davvero mangiare una barretta di cioccolato?

Durante la mia battaglia contro la fatica cronica ho eliminato tutti gli zuccheri lavorati dalla mia dieta. Mangio solo cibi di prima mano, cibi che sono ad un passo dalla loro origine: carne, vegetali e un po' di frutta con un basso contenuto di zuccheri. Ho notato un'enorme differenza nel mio modo di sentirmi. Particolarmente, la mia energia è stabile e l'ansia si sta calmando. In effetti, ho provato ad aggiungere zuccheri raffinati di nuovo alla mia dieta dopo essermi sentito così bene, ragazzo è stata una pessima idea. Ho iniziato ad avere infezioni fungine, gonfiori e costipazione. La mia ansia è tornata con problemI di sonno. Gli zuccheri raffinati non sono fatti per comparire nelle nostre diete. Gli umani si sono evoluti per mangiare vero cibo naturale non lavorato. Anche se senti che lo zucchero raffinato non ha effetti su di te, ce li ha. E' un killer silenzioso e si prenderà il suo pedaggio in un modo o nell'altro, dagli solo del tempo. Se non mi credi prova questo: smetti di mangiare prodotti che contengono saccarosio raffinato per un mese intero, guarda ogni etichetta degli ingredienti. Probabilmente ti sentirai orribilmente per le prime 2 settimane (sintomi da astinenza), dopo questo inizierai a notare un incremento della tua salute, energia ed immunità. La tua fatica inizierà a calare e tu inizierai a pensare positivo sul futuro del tuo viaggio contro la fatica cronica. Questo è quello che spero e sono qui per guidarti attraverso questo viaggio. Devi credere in te stesso e pensare positivo. Non soffermarti sugli effetti negativi della fatica cronica, ti butterà solo giù. Rimani coerente. Coerente con te stesso, coerente con gli altri. Non lasciare che altre persone forzino false idee di depressione in te. Dal profondo del cuore, tu sai cosa hai, cosa puoi o non puoi fare. Limita te stesso ed i tuoi pensieri. Rimani coerente. I risultati arriveranno.

Lo zucchero, la causa di tanti mali

Testimonianze in crescita affermano che non i grassi saturi ma lo zucchero è il principale colpevole che sta dietro ai casi di obesità, diabete, malattie cardiache, Alzheimer ed anche al cancro. Eppure, sentiamo ancora dai media principali e dai professionisti medici che i grassi saturi sono pericolosi ma lo zucchero, preso in dosi moderate, va bene.

Questa è un'informazione sbagliata. Sappiamo come fatto noto che mangiare grassi saturi non porta ad un crescente rischio di malattie cardiache. Recentemente studi pubblicati lo hanno provato.

Tuttavia, lo zucchero può essere così cattivo? Lo zucchero è davvero tossico per il corpo umano e causa tutte queste malattie? Diamo un occhiata alle statistiche:

Nel 1980, circa 1 americano su 7 era obeso e circa 6 millioni avevano il diabete. Il consumo di zucchero era di 34 kg a persona per anno. Oggigiorno, 1 americano su 3 è obeso e quasi 26 millioni di persone sono diabetiche! Il consumo di zucchero si è alzato di 61 kg a persona per anno!

Non a caso l'obesità infantile è così alta – almeno il 15% dei bambini delle scuole americane sono obesi – e l'aspettativa di vita per la generazione più giovane è, per la prima volta, inferiore a quella dei loro genitori.

Lo zucchero è la causa di molti mali. Scopri perché lo zucchero da estrema dipendenza, ti rende più affamato, promuove l'accumulo di grassi nel fegato e nelle arterie, ti fa prendere peso e porta a molte malattie degenerative.

CAPITOLO UNO: Cosa succede realmente quando mangi lo zucchero

Tutti sappiamo che lo zucchero è pieno di calorie ed ha poco valore nutrizionale, ma il problema dello zucchero va ben oltre le calorie. Lo zucchero è prodotto in molte differenti forme ma il tipo più comune è lo zucchero raffinato da tavola, che è fatto dal 50% di glucosio e dal 50% di fruttosio. Il glucosio ed il fruttosio sono lavorati in modo diverso dal corpo.

Quando prendi il glucosio, viene rapidamente assorbito nel tuo flusso sanguigno ed il tuo pancreas risponde secernendo l'ormone dell'insulina per portare il glucosio nel sangue ad un valore normale. Se prendi sempre molto glucosio, con il tempo le tue cellule diventeranno desensibilizzate all'insulina che circola e svilupperai una resistenza all'insulina e, alla fine, il diabete, cioè i tuoi livelli di zucchero nel sangue saranno anormalmente alti per tutto il tempo.

Il fruttosio, diversamente dal glucosio, non scatena il suo rapido aumento nel sangue. Tuttavia, l'intero carico del fruttosio metabolizzato ricade sul tuo fegato. Il fruttosio diventa grasso (VLDL e trigliceridi) che è depositato nel fegato, nelle arterie ed in tutto il tuo corpo. Come già detto, le persone sovrappeso od obese tendono anche ad avere una resistenza alla leptina che diminuisce la loro sensazione di sazietà, li fa mangiare troppo ed immagazzinano anche più grasso.

Perciò, un eccesso nel consumo di glucosio e fruttosio hanno un effetto deletereo sulla tua salute. Porta a:

Guadagno di peso, obesità addominale, aumenta il colesterolo LDL ("cattivo"), diminuisce il colesterolo HDL ("buono"), aumenta i trigliceridi (grasso nel sangue), eleva lo zucchero nel sangue ed alza la pressione sanguigna – la classica sindrome metabolica.

Malattia del fegato grasso nelle persone che consumano poco o niente alcol.

Resistenza all'insulina. Una persona su tre in America sviluppa una resistenza all'insulina, questo include i pre-diabetici e le persone a cui è stato diagnosticato il diabete o no.

Elevato acido urico, (un sottoprodotto del metabolismo del fruttosio che è collegato alla gotta, ai calcoli renali, alla malattia renale, all'alta pressione del sangue ed alle malattie cardiache) ed infiammazione cronica.

Le fonti di zucchero nei cibi

Tutte le forme di zucchero contengono diverse percentuali di fruttosio e glucosio. Lo zucchero raffinato contiene il 50% di fruttosio ed il 50% di glucosio. Lo sciroppo di mais ad alto contenuto di fruttosio usato nelle bibite gassate contiene il 55% di fruttosio ed il 45% di glucosio. Lo sciroppo d'agave, un dolcificante altamente lavorato derivato dalle piante usate per produrre la tequila, contiene fino al 90% di fruttosio. Dati i deleterei effetti del mangiare troppo fruttosio, questi cosiddetti dolcificanti "sani" dovrebbero essere assolutamente evitati, anche se sono stati pubblicizzati come "organici" o "grezzi".

La frutta contiene molto fruttosio. Perciò, anche la futta fornisce vitamine, minerali, antiossidanti e fibre, non è saggio consumarne troppa. I succhi di frutta sono carichi di fruttosio e possono danneggiare il tuo corpo come le bibite gassate. Una lattina di bibita gassata contiene circa 40 grammi di sciroppo di mais ad alto contenuto di frtuttosio o 22 grammi di fruttosio. Un bicchiere di succo fresco di arance con 3-4 arance medie ha 18-24 grammi di fruttosio!

Tutti gli amidi, come quello delle patate e del grano si scompongono in glucosio, non importa se sono raffinati, interi, germogliati o organici. Per questa ragione, è estremamente importante controllare le tue porzioni di amido come quello di patate, di pane, di cereali, di pasta e riso. anche troppi carboidrati "buoni" (dai cibi integrali) ti fanno male.

Fai attenzione che i cibi lavorati spesso contengono zuccheri nascosti. Il cibo confezionato di solito è carico di ingredienti non saporiti. Se scegli di comprarli, almeno leggi l'elenco degli ingredienti. Anche se non leggi la parola "zucchero", può essere mascherato come malto, caramello, sciroppo di mais, destrosio, melassa, miele, maltodestrina, maltosio, sciroppo di malto, sciroppo d'acero, , sciroppo di riso o sorgo. Guarda il numero dei grammi dello zucchero per porzione. Ogni cucchiaino è equivalente a 5 grammi.

I diabetici dovrebbero trattenersi dal consumare zuccheri, frutta e cibi ricchi di amido fino a quando i loro livelli di zucchero nel sangue non ritornino alla normalità.

La tua migliore fonte di carboidrati è vicina alla terra, la verdura a foglia. Ha poco glucosio e fruttosio ed ha molte vitamine, minerali, antiossidanti e fibre e può essere consumata in grandi quantità tranquillamente.

CAPITOLO DUE: lo zucchero nascosto nel tuo cibo preferito

Sono una di quelle persone che brama lo zucchero su base abbastanza regolare. Lo zucchero è una droga e ti fa tornare sempre per averne di più. Ma consumare dolci per i denti ha un prezzo. L'ovvio problema arriva sottoforma di guadagno del peso. Ma molti problemi sono nascosti e creano alcuni seri rischi per la salute.

Lo zucchero è presente in forma naturale nella frutta e nella verdura, tuttavia lo zucchero è anche lavorato dalla canna da zucchero e dalla barbabietola da zucchero. I cibi confezionati sono insaporiti con lo zucchero, almeno in una delle sue molte forme. Lo zucchero aggiunto durante il processo spesso non è considerato dai consumatori. Perché lo zucchero usato nel processo è trascurato dalla gente?

E' semplice. "Ma cosa c'è nel nome. Una rosa con qualsiasi altro nome, profuma ancora così?" Quelle righe famose di Shakespeare mi hanno ispirato a ricercare i vari nomi che vengono utilizzati per nascondere il fatto che lo zucchero è contenuto nel prodotto. Nella mia ricerca, ho trovato un articolo intitolato "25 nomi per lo zucchero di Jim F nel libro "Come mangiare più sano, lo zucchero". Quindi ho deciso che non volevo scoprire l'acqua calda. Ecco le ricerche di Jim.

- zucchero di canna
- sciroppo di mais
- zucchero Demerara (zucchero di canna)
- destrosio
- zucchero di canna che non fa grumi
- fruttosio

- galattosio

- glucosio

- sciroppo di mais ad alto contenuto di fruttosio

- miele

- zucchero invertito

- lattosio

- malto

- maltodestrina

- maltosio

- sciroppo d'acero

- melassa

- zucchero delle Barbados

- panocha

- zucchero in polvere

- sciroppo di riso

- saccarosio

- zucchero (granulato)

- sciroppo di melassa

- zucchero turbinado

I nomi dello zucchero e cosa significano

Lo zucchero odora di dolce e sa di dolce, ma cosa possiamo dire sui suoi nomi? Quanti nomi ha lo zucchero? Quante definizioni? Usiamo la parola "zucchero" per intendere così tante cose ed i cibi industriali spesso li usano per mascherare quanto cattivi siano i cibi che mangiamo.

"Cos'è in un nome? Quella che chiamiamo rosa, se chiamata in qualsiasi altro modo, avrà lo stesso odore?"

Questa famosa citazione è stata usata da William Shakespeare in Romeo e Giulietta. L'odore dello zucchero è così dolce eppure può essere così dannoso per tante persone. In parte la ragione per cui l'obesità è in aumento in tutto il mondo è dovuto alla gente che è assuefatta ai cibi dolci come le caramelle ed altre cose.

Eppure i cibi dolci hanno un odore così dolce come se non potessero mai fare male. I diabetici sono allergici ai cibi che hanno troppo zucchero ed in certi modi lo zucchero può anche ucciderli. Questo breve articolo esplorerà qualche nome che ha lo zucchero ed il modo in cui li usa.

Lo zucchero di canna ha un colore scuro e spesso è chiamato Demerara. E' comunemente usato per le torte o alcune persone lo usano per dare gusto al caffè.

Lo sciroppo di mais è spesso usato in cucina per dare gusto al cibo. Il destrosio può avere un effetto lassativo se consumato in quantità eccessive anche se è un carboidrato molto importante in biologia. Il fruttosio o levulosio è un semplice monosaccaride spesso trovato nei cibi.

Il galattosio è meno dolce del glucosio e spesso è usato come dolcificante nutritivo perché ha un grande valore energetico. Il galattano è un polimero del galattosio. Il miele è un nome che quasi tutti riconosciamo, ma sappiamo che contiene anche zucchero? Ora, c'è qualcuno di molto famoso che ama il miele. L'orso preferito dai bambini che si chiama Winnie the Pooh ama il miele. Il miele si trova spesso in un favo che si prende dall'alveare. E' grazie al lavoro delle api che abbiamo il miele.

Le Treacle Toffee sono delle caramelle molto popolari ai tempi dei falò con i bambini. Molti bambini ed adulti amano le Treacle Toffee. Ai tempi dei falò si riunivano in cerchio con una grossa borsa di Treacle Toffee gommose ed appiccicose. Lo sciroppo d'acero si trova comunemente in America dove si serve dell'appiccicoso sciroppo d'acero con pancake appena cucinati. Alcuni Americani mangiano i pancake e lo sciroppo d'acero a colazione e li trovano molto gustosi.

Il saccarosio è il tipo di zucchero usato per le diete quando si cerca di tagliare i cibi molto dolci anche se mangiato in quantità eccessive può avere effetti lassativi. La melassa è anche usata, a volte, sui pancake o è usata nella cottura al forno per insaporire le torte. La melassa ha un delizioso sapore dolce come molti zuccheri hanno. Può essere molto difficoltoso distinguere quale zucchero è usato nei cibi cotti al forno dato che la maggioranza dei cibi confezionati chiamano zucchero molti ingredienti dolci.

Vale la pena imparare come viene chiamato ogni tipo di zucchero così potrai fare una scelta più informata la prossima volta che vai a comprare.

La morte da dolce zucchero, include "morte per cioccolato ", non c'è niente da ridere.

E lo zucchero è solo uno dei cattivi carboidrati "raffinati" colpevoli nella nostra società. "La morte per zucchero" è anche causata dalle cattive sorellastre dello zucchero.

CAPITOLO TRE: Effetti dello zucchero sulla salute

Tutti conoscono i pericoli del consumo di zucchero, ma la maggiorparte delle persone non realizzano quanto zucchero ingeriscono nella loro dieta o quanto sia nocivo l'eccesso di zuccheri per la loro salute.

Originariamente, il saccarosio (zucchero da tavola) è stato imputato come il maggior colpevole per i danni ai nostri corpi, ma ora si sa che le altre forme di zucchero, come il fruttosio (zucchero presente nella frutta) possono essere nocive se ingerite in grandi quantità. Una semplice passeggiata dal tuo negozio di alimentari ti rivelerà che lo zucchero è prevalente in quasi tutti gli articoli. Non è una coincidenza che il tasso di obesità sia altissimo negli Stati Uniti, se l'Americano medio consuma approssimativamente 52 kg di zucchero ogni anno.

Il saccarosio è lo zucchero più comune nelle nostre diete. E' prodotto dallo zucchero di canna o di barbabietola attraverso un processo di raffinazione che rimuove completamente tutte le sue vitamine, i minerali, le proteine, gli enzimi ed altri nutrienti. Dato che il saccarosio è privo di tutti i nutrienti, i nostri corpi devono 'prendere in prestito' le vitamine, i minerali mancanti e gli altri nutrienti dai loro stessi tessuti per metabolizzarlo. Gli effetti dello zucchero sulla nostra salute sono quindi quelli di appropriarsi dei nutrimenti vitali dalle altre parti del nostro corpo.

Lo zucchero attacca il calcio dei tuoi denti causando la carie. Gioca anche un ruolo maggiore nelle malattie cardiache visto che svuota il corpo dal potassio e dal magnesio, che sono richiesti per la funzione cardiaca.

Mentre lo zucchero è sprovvisto di nutrienti, ha molte calorie. Un cucchiaino di zucchero (4 gr) contiene 15 calorie. Questo può non sembrare molto, ma considera che una barretta dolce da 57 gr, una bibita gassata da circa 350 gr ed una porzione di gelato contengono tipicamente 10 o più cucchiaini di zucchero. Il Dipartimento dell'Agricoltura degli Stati Uniti stima che l'Americano medio consumi circa 20 cucchiaini di zucchero al giorno, che è equivalente al 16% del consumo totale consigliato.

Lo zucchero ed il tuo DNA

Ricerche australiane hanno riportato, in un recente articolo del Journal of Experimental Medicine che una certa quantità di zucchero può influire su una parte dei geni umani, chiamati microzimi, fino a due settimane. I microzimi sono una parte funzionante del tuo DNA e lo zucchero interessa la loro abilità di fare il proprio lavoro. Dopo aver assunto una certa quantità di zucchero il materiale genetico che protegge il corpo da danni che possono causare malattie croniche si spegne, lasciando il corpo vulnerabile fino a due settimane.

Sam El-Ostra principale ricercatore della Baker IDI Heart and Diabetes Institute in Australia dice "Ora sappiamo che la barretta di cioccolato che hai mangiato stamattina può avere effetti acuti e quegli effetti possono durare fino a due settimane." Lo zucchero è molto acido per il corpo e quando viene bruciato come combustibile causa un processo chiamato glicazione, molto simile ad abbrustolire una bistecca sul barbecue. Il danno alle cellule ed al loro codice genetico può essere catastrofico. "Questi cambiamenti continuano oltre il pasto stesso ed hanno l'abilità di alterare la naturale risposta metabolica alla dieta" ha raccontato El-Ostra alla stampa australiana.

Mangiare zucchero e cibi ad alto contenuto di zucchero regolarmente può moltiplicare gli effetti del danno, dato che gli zuccheri acidi aumentano l'acidosi del corpo portando i danni genetici a durare mesi o anni. El-Ostra ipotizza anche che i danni genetici possono potenzialmente attraversare il flusso sanguigno.

Non è mai troppo tardi per cambiare la tua dieta e smettere di mangiare cibi ad alto contenuto di zucchero. Ridimensionare lo stile di vita verso una dieta più alcalina è un buon piano. Se hai mangiato zucchero per un lungo periodo, ci vuole un po' per il tuo corpo per correggere il danno genetico. Se hai un debole per i dolci, prova ad aggiungere la stevia, che ha un sapore dolce, ma è un liquido a base vegetale. Avere voglia di dolce può anche essere una carenza di minerali, in particolare una carenza di cromo. Devi farti controllare da un rispettabile nutrizionista o da un naturopata. Il ConcenTrace è un buon liquido minerale ionico che puoi aggiungere alla tua acqua. E' costituito da sani ioni solubili ed è disponibile presso la maggior parte dei negozi di alimenti naturali.

Ci sono pochi modi per alcalinizzare il tuo corpo, ma la cosa importante da notare è che se mangi molti zuccheri, avrai bisogno di un modo per riparare il danno che si è già verificato. Questo comporta molto ossigeno ed antiossidanti extra, in aggiunta ad alcalizzare lo stato acido del corpo.

Lo zucchero è anche molto disidratante dato che cambia la concentrazione ionica dell'acqua che può interessare le pompe osmotiche e come eliminano i rifuti tossici dalle cellule. Una continua disidratazione e l'accumulo di tossine può portare a sintomi che nel tempo possono diventare cronici e, a volte, mortali o che accorciano la vita.

Puoi alcalinizzare il tuo corpo attraverso la dieta che è un regime molto severo e faticoso che impiega mesi per farti notare ogni effetto. Abbiamo una lista di cibi alcalini che ci puoi chiedere o puoi cercarne una su internet. Il modo più facile è eliminare un gruppo di cibi alla settimana tra i cibi che producono acido, in modo che non ti senta troppo privo di qualcosa. I cereali ed i prodotti lattiero-caseari sono di solito i più facili da eliminare. Rinunciare alle proteine animali, alle uova ed ai formaggi è un po' più difficile per la maggior parte delle persone. I frutti con il più alto contenuto di zucchero si possono anche eliminare.

Il tipo e la quantità di acqua che si beve è la chiave più importante dato che chi mangia zucchero tende ad essere molto disidratato. Avrai bisogno di reidratare il tuo corpo e di mantenere un aderguato livello d'acqua per il massimo potenziale di salute. Dal momento che gli zuccheri mettono il turbo all'età del corpo e lo riempiono di tutti i tipi di danni invisibili, bere una buona quantità di acqua alcalina ti aiuterà ad alleviare la disidratazione e contribuirà ad invertire il processo di glicazione che può portare a malattie croniche come il diabete e le malattie di cuore.

Lo zucchero smonta il sistema immunitario

Mangiare una stecca di cannella può fare molto per il tuo corpo oltre ad aggiungere qualche chilo di troppo. Un altro pericolo dello zucchero è la compromissione del tuo sistema immunitario distruggendo la capacità dei globuli bianchi di uccidere i microbi per 5 ore dopo la sua ingestione. Può anche riddurre la produzione di anticorpi del tuo corpo.

Inoltre interferisce con il trasporto di vitamina C e provoca uno squilibrio minerale ed entrambi indeboliscono il sistema immunitario. Inoltre riduce l'efficienza degli acidi grassi omega 3 rendendo le cellule più permeabili e meno in grado di fermare l'invasione di allergeni e microrganismi.

Appena consumi più zucchero, il livello di zuccheri nel tuo sangue aumenta. Questo porta il tuo pancreas a produrre insulina per aiutare a pulire le tue cellule da questo eccesso di zucchero. Appena il livello di zucchero nel tuo sangue ritorna normale, lo fa anche la quantità di insulina nel tuo corpo. Tuttavia, quando mangi molto zucchero ci vuole sempre più insulina per normalizzare i tuoi livelli di zucchero nel sangue. Questo a lungo andare può causare uno stop nella risposta del pancreas allo zucchero ed una sospensione della produzione di insulina tutto insieme. Questo è conosciuto come diabete di tipo 1.

L'insulina ha anche l'effetto collaterale di sopprimere il rilascio dell'ormone della crescita nella ghiandola pituitaria. L'ormone della crescita di un regolatore principale del sistema immunitario. La mancanza di ormone della crescita si tradurrà in un sistema immunitario compromesso.

Quindi dovresti tagliare completamente tutti gli zuccheri dalla tua dieta? Per la gente che non è sovrappeso o non soffre di altri fattori rischiosi per il cuore, malattie cardiache o diabete, una cosa così non è necessaria. Uno spuntino dolce ma occasionale non ha conseguenze sul sistema immunitario, sui collassi o sugli arresti cardiaci. L'unica cosa che dovresti fare è 'moderarti'. Un biscotto ogni tanto va bene, ma quella bibita gassata grande che arriva dal tuo fast food preferito non farà alcun favore al tuo corpo. Quindi quanto è considerato appropriato? L'organizzazione mondiale della sanità consiglia che dovresti mantenere il tuo consumo di zucchero non più che al 10% delle tue calorie totali, o 50 gr di zucchero per la maggiorparte delle persone. In più gli effetti dello zucchero sulla tua salute inizieranno a combinarsi e potrebbero andare fuori controllo. Ricordati 'moderazione'!

Lo zucchero e le malattie

Sono rimasto davvero colpito dal vasto elenco di Jim di tutte le cose zuccherate. E' facile capire perché non ci rendiamo conto che le nostre diete hanno più zucchero di quello che, in realtà, abbiamo bisogno. La cultura media del consumo di zucchero in America occidentale è davvero allarmante. Volevo conoscere approssimativamente quanto fosse la media del consumo di zucchero per persona all'anno. Ho trovato un sito chiamato Sharecare ed ho trovato la risposta a questa domanda niente di meno che dal dott. Mehmet Oz. Sostiene che in media una persona consuma 68 kg di zucchero all'anno. Non posso neanche immaginare a cosa somiglino 68 kg di zucchero. Compara quella quantità ai 3 kg di zucchero mangiati nel 1700 e conclude che si tratta di 20 volte tanto.

Abbiamo un motivo di preoccupazione? Sicuramente lo abbiamo. Molte delle nostre moderne malattie non c'erano nel 1700, quindi abbiamo bisogno di chiederci che cosa è cambiato da allora. Vedendo la statistica di cui sopra sono abbastanza sicuro di non doverti dire almeno una delle cause del cambiamento drammatico. Ora la mia domande sono "lo sapevate di mangiare così tanto zucchero?" e "sapendolo, hai intenzione di fare qualcosa al riguardo?" Lo chiedo perché facendo le mie ricerche sul tema dello zucchero, c'è una pletora assoluta di disturbi e malattie che sono causati, o aggravati, dallo zucchero.

Lo zucchero ed il diabete

Una delle più grandi idee sbagliate circa il diabete è che lo zucchero lo provoca. Questo è un concetto ampiamente creduto e deve essere chiarito. Anche se è vero che se sei attualmente affetto da diabete devi limitare l'assunzione di zucchero, nonché di alcuni carboidrati, dire che lo zucchero causerà il diabete non è vero.

Forse un'affermazione di avvertimento dovrebbe essere, comunque, sottolineata qui, perchè anche se le cose zuccherate non causano palesemente il diabete, questo non significa che dovresti diventare distratto ed abbuffarti di alimenti che sono ad alto contenuto di zuccheri e carboidrati. E' molto importante mantenere a mente che i cibi che contengono molto zucchero tendono ad avere più calorie e questo può contribuire a guadagnare peso. E sfortunatamente, essere sovrappeso è un fattore che contribuisce molto a causare il diabete.

Gli esperti affermano che la gente in sovrappeso spesso ha un grande rischio di soffrire di complicazioni dovute al diabete, perché posono sviluppare un'alta resistenza all'insulina. Se non hanno abbastanza insulina per il troppo peso possono sviluppare, prima o poi, il diabete.

Il diabete è una malattia cronica, che tende a diventare più complicata e più grave man mano che passa il tempo. Questo è molto importante non solo per chi è incline a sviluppare il diabete, ma per tutti, bisogna prendere particolare nota delle cose che possono aiutare ad evitare ed a tenersi alla larga dalle malattie. E' importante anche ricordarsi di quelle cose che veramente causano il diabete.

Quindi è importante tenere a mente che, come per tutti gli altri disturbi o malattie, bisogna stare lontani da ciò che può contribuire a causare la malattia e questa è sempre la tua miglior difesa. Sviluppare ed osservare certi cambiamenti nel tuo stile di vita implica lo sviluppo di abitudini sane. Gli esperti dicono che quelle persone che hanno deciso di osservare abitudini più sane nel loro stile di vita svilupperanno un rischio più basso di contrarre il diabete anche se sono tendono ad esserne affetti.

Quindi, anche se lo zucchero non causa il diabete, mangiare eccessive calorie lo fa e l'obesità e l'essere sovrappeso sono le principali cause del diabete.

Lo zucchero ed il morbo di Alzheimer

Nel 2013 a 5,2 milioni di Americani è stato diagnosticato il morbo di Alzheimer, una grave forma di demenza, e si pensa che le diagnosi di Alzheimer triplicheranno entro il 2050.

Più di mezzo milione di Americani moriranno per la malattia ogni anno, rendendola la terza causa di morte negli Stati Uniti, appena dopo le malattie cardiache ed il cancro.

Considerando che non c'è cura conosciuta ed esistono pochi eventuali trattamenti efficaci, è davvero importante prestare attenzione alla prevenzione, se vuoi evitare di diventare una statistica dell'Alzheimer.

Le buona notizia è che le tue scelte, per quanto riguarda lo stile di vita, come la dieta, l'esercizio ed il sonno possono avere un importante impatto sui tuoi rischi.

Come notato dal dott. Richard Lipton dell'Albert Einstein College of Medicine dove si studiano i cambiamenti di stile di vita per un invecchiamento sano "un aspetto più promettente rispetto agli studi della droga fatti fino ad oggi."

Una dieta ricca di zucchero ed il morbo di Alzheimer

Crescenti ricerche implicano che la nostra dieta moderna gioca un ruolo importante nella rapida asscesa del morbo di Alzheimer. I cibi confezionati tendono ad essere quasi privi di grassi sani mentre hanno zucchero in quantità eccessive e questa combinazione sembra essere il cuore del problema.

La maggiorparte delle persone (particolarmente gli Americani) seguono una dieta di cibi confezionati e questo praticamente garantisce che finirai per avere un rapporto invertito di carboidrati e grassi, per non parlare del fatto che entrambi sono solitamente in quantità inferiori a causa della lavorazione e dell'adulterazione.

La connessione tra lo zucchero e l'Alzheimer è stata affrontata per la prima volta nel 2005, quando la malattia è stata, provvisoriamente, attribuita al"diabete di tipo 3". A quel tempo i ricercatori hanno scoperto che il cervello produce l'insulina necessaria per la sopravvivenza delle sue cellule.

Una proteina tossica chiamata ADDL rimuove i recettori dell'insulina dalle cellule nervose, rendendo, in tal modo, quei neuroni resistenti all'insulina e se l'ADDL si accumula, la tua memoria inizia a deteriorarsi.

Precedenti ricerche hanno anche mostrato che i diabetici corrono un rischio raddoppiato di sviluppare l'Alzheimer.

Ora, i ricercatori sono dinuovo attenti a come l'Alzheimer appaia intricatamente connessa alla resistenza all'insulina. In un recente studio i ricercatori hanno usato delle scansioni del cervello per valutare 150 persone di mezza età a rischio di contrarre il morbo di Alzheimer, ma non hanno mostrato segni particolari all'inizio dello studio.

Come riportato dall'Huffington Post:

"Scansioni del cervello hanno rivelato che la maggiore resistenza all'insulina era legata alla minore presenza di zucchero in luoghi chiave del cervello, spesso affetto da Alzheimer.

L'insulina è l'ormone che aiuta il tuo corpo ad utilizzare lo zucchero dei cibi che mangi e lo converte anche in energia o lo immagazzina. La resistenza all'Insulina è quando la risposta del tuo corpo a regolari livelli dell'ormone si riduce, creando un maggior bisogno di insulina.

'Se non hai abbastanza carburante, non sei più abile a ricordare qualcosa o a fare qualcosa' dice l'autore principale dello studio Auriel Willette...

'Questo è importante nel morbo di Alzheimer, perché nel corso della malattia c'è un progressivo decremento della quantità di zucchero nel sangue usato in alcune regioni del cervello. Queste regioni finiscono per usarne sempre meno.

Quando questo succede, l'autore dello studio pensa, certe parti del cervello non possono portare a terrmine processi complessi come la formazione della memoria''.

Lo zucchero ed il Cancro

Ricercatori sul cancro hanno scoperto che sei più propenso a contrarre il cancro se sei obeso, diabetico o resistente all'insulina. La connessione è lo zucchero.

Quando mangi zucchero, i tuoi livelli di zucchero nel sangue crescono ed il pancreas secerne l'insulina per ripulire lo zucchero in eccesso nel sangue. Con l'insulina, il tuo corpo secerne anche un ormone collegato chiamato fattore di crescita insulino simile-1 (IGF-1) che promuove la crescita del tumore ed inibisce la morte delle cellule. In effetti, molte cellule pre-cancerose non acquisiscono mai le mutazioni che le trasformano in tumore maligno se non sono spinte dall'insulina ad assorbire sempre più zucchero ed a metabolizzarlo. L'insulina favorisce molti dei tumori più comuni, specialmente quelli ormone-dipendenti come il cancro al seno, il tumore del colon e della prostata.

Vi è più che sufficiente prova che lo zucchero provoca il caos alla tua salute. Quindi sta lontano dallo zucchero e dai dolcificanti con molto fruttosio come il nettare di agave, i cereali raffinati, i dolci da forno, le caramelle e le bibite zuccherate.

Non c'è una persona là fuori che non rabbrividisca quando sente la parola cancro. Se la senti dal tuo dottore, suona molto come una condanna a morte. È la grande lotta della nostra generazione. Corriamo, camminiamo, parliamo, gridiamo e combattiamo contro il cancro. Ora, che aspetto ha lo zucchero nell'equazione?

Le cellule sane nel nostro corpo sono aerobiche, cioè hanno bisogno di ossigeno per vivere. Ogni cellula nel nostro corpo deve avere ossigeno sempre. L'ossigeno è portato sia dal sistema circolatorio che dal sistema linfatico ad ogni parte del corpo. Più profondamente respiriamo, più aerobici siamo e più sane diventano le nostre cellule. Nel momento che una cellula esaurisce l'ossigeno, quella cellula comincia a morire. Se l'ossigeno continua a mancare, il numero di cellule interessate crescerà. Questa mancanza di ossigeno genera una malattia nel corpo a causa della mancanza di salute delle cellule.

Ora, è questa mancanza di ossigeno che crea l'ambiente ottimale per la malattia. Quando il cancro si manifesta come malattia, le cellule mutano e non hanno più bisogno dell'ossigeno per vivere. Il cancro è quello che chiamiamo anaerobico. Il cancro fermenta. Se questo suona come quello che succede quando fai fermentare l'alcol, hai ragione. Il processo di fermentazione dell'alcol inizia quando lo zucchero entra in circolo. Crea la reazione chimica necessaria a fare l'alcol. La stessa premessa può essere applicata al ciclo di vita del cancro. Per vivere e crescere il cancro ha bisogno che lo zucchero fermenti. Diventa cibo per le cellule cancerose.

Spesso i dottori dimenticano di discutere l'importanza dell'alimentazione quando combatti contro qualcosa tipo il cancro. Proprio come la cattiva alimentazione potrebbe essere un catalizzatore per malattia, al contrario, una buona alimentazione potrebbe essere un catalizzatore per un cambiamento positivo nella tua salute. Supponiamo di aver rimosso tutte le forme di zucchero dalla nostra dieta, tenendo così tutto il cibo lontano dalle cellule tumorali. Possiamo pensare che se le cellule sane possono morire per una mancanza di ossigeno, forse anche le cellule tumorali potrebbero morire per una mancanza di zucchero? E' un'interessante teoria che richiede più attenzione. Con gli effetti tossici dei vari trattamenti per il cancro, sarebbe una cosa nuova provare qualcosa che è di gran lunga meno invasiva per il paziente.

Questo non è per dire che non sono d'accordo con i metodi tradizionali di trattamento. Comunque, penso che l'aggiunta di altre terapie alternative, l'alimentazione e l'esclusione degli eccessi di zucchero dalla dieta, giocano anche un ruolo fondamentale nel piano di trattamento. I trattamenti per il cancro devono prendere un approccio olistico del paziente. Penso che una facile e veloce via per iniziare il piano di trattamento sia eliminare qualcosa che sappiamo sostenga la vita delle cellule cancerose.

Lo zucchero e le malattie cardiache

Qual è il collegamento tra lo zucchero e le malattie cardiache?

Lo zucchero è un elemento additivo che può portare al diabete il quale può portare a disturbi cardiovascolari.

Nuove ricerche fuori dall'Europa hanno mostrato che solo un incremento di 340 gr al giorno di dolcificanti allo zucchero od artificiali o di consumo di bibite è stato associato allo sviluppo del diabete di tipo 2.

Il collegamento tra le bibite gassate e le malattie cardiache dovrebbe essere simile al collegamento tra lo zucchero e le malattie cardiache. Lo zucchero è responsabile per l'inizio della risposta infiammatoria che provoca l'esaurimento del colesterolo nel nostro corpo in modo negativo.

Quindi, andando anche più in profondità nel collegamento, in realtà dovrebbe essere il collegamento tra scarsi carboidrati e malattie cardiovascolari. I carboidrati quando lavorati dal nostro corpo diventano zucchero ed ancora una volta i semplici carboidrati sono scadenti e facili da trovare rispetto ad una sana alimentazione. Quindi dovrebbe diventare una consapevolezza capire che per la persona media lo zucchero non è buono. Le bibite gassate non sono altro che zucchero che causa un'impennata di ormoni che possono portare, prima o poi, alle malattie cardiache.

Come dico sempre tutto sta ad iniziare con il giusto atteggiamento mentale per attaccare i problemi con lo zucchero e con le malattie cardiache. Molta gente sa che le certe cose non vanno bene ma le usa lo stesso.

Dobbiamo anche guardare le proprietà di dipendenza dello zucchero. Come il fumo da dipendenza, lo fa anche lo zucchero. E come molta gente, alla fine, si arrende al fumo, lo possono fare anche per la dipendenza dello zucchero.

Se vuoi cambiare, le cose cambieranno e sappiamo che c'è un importante collegamento tra lo zucchero e le malattie cardiache. Lo sappiamo da anni e penso che la direzione presa concentrandoci solo sul colesterolo è sbagliata. Puoi sempre leggere il nostro post sullo zucchero ed il colesterolo e capire la vera causa delle malattie cardiache.

L'associazione tra lo zucchero e l'aumento di peso

Oggigiorno l'obesità è diventata un problema per tutti. Questo disturbo medico è stato associato a varie malattie come i problemi di cuore, il diabete di tipo 2, l'osteoartrite, la difficoltà di respirare e molti tipi di cancro.

Anche se, a volte, attribuita alla costituzione genetica di una persona, l'obesità è causata in primo luogo dal consumo eccessivo di calorie e dalla mancanza di attività fisica. La maggiorparte di queste calorie arrivano dal consumo di carboidrati e non dai grassi. La fonte primaria di questi carboidrati extra sono le bevande dolcificate, che ora contano quasi il 25% delle calorie giornaliere di un adulto. Studi hanno mostrato che c'è un'associazione positiva tra l'obesità ed il consumo di bevande zuccherate incluse molte bibite sportive ed energetiche.

Lo zucchero come fonte di energia è facilmente assorbito dal corpo perché passa nel flusso sanguigno più velocemente che altre fonti energetiche come le proteine. In pochi minuti dall'assunzione, il tuo corpo può davvero sentire l'energia dello zucchero – questa cosa è conosciuta come "sballo da zucchero". Questa è la ragione per cui lo zucchero è un ingrediente molto popolare nella maggiorparte delle bevande sportive. La maggiorparte dei drink energetici tranne quelli contrassegnati dalla scritta "sugar free" hanno un'elevata quantità di zucchero. La quantità di zucchero è così elevata nelle bibite sportive, che non hai neanche bisogno di aggiungere zucchero al tuo caffè se ne hai bevuta una bottiglia in un dato giorno.

Il problema è che l'energia che lo zucchero fornisce non rimane a lungo, perché il corpo produce insulina per abbassare i livelli di zucchero nel sangue. Quando questo accade si verificano prestazioni ridotte e ridotta resistenza - questo è noto come crollo della glicemia.

Per queste ragioni è sempre una buona idea scegliere la tua bibita sportiva con saggezza. Guarda sempre le etichette e vedi cosa stai assumendo. Solo perché una bibita sportiva è popolare non significa che ti darà tutte le giuste quantità di elettroliti, di proteine, minerali e vitamine di cui ha bisogno il tuo corpo. Ciò è particolarmente vero per gli atleti e per gli appassionati di salute in generale. Sembra che non si possa evitare di bere bibite sportive se sei un atleta e per una buona ragione. Dovresti aver bisogno dell'energia che la maggiorparte delle bibite sportive affermano di poterti dare se hai uno stile di vita molto attivo. Ma per tutti voi, la vostra bibita sportiva preferita potrebbe essere solo zucchero in bottiglia e niente di più. L'aumento di peso dovuto al consumo di calorie vuote come dello zucchero, questo inizia ad essere un problema serio e non puoi permetterti di essere la prossima vittima.

CAPITOLO QUATTRO: La dipendenza da zucchero: sei dipendente?

Questa non è (veramente) un'invettiva contro lo zucchero perché ne avrai sentite altre prima. Sei bene informato sul fatto che troppo zucchero ti rende grasso ed ha collegamenti minacciosi al diabete di tipo 2. Conosci i fatti, quindi non ho intenzione di trattarti con condiscendenza con statistiche sensazionalistiche. C'è solo una domanda che devo chiedere, non è niente di speciale, ma è importante 'sei dipendente dallo zucchero?' Prenditi un minuto, pensaci. La dipendenza è quando non puoi controllare un comportamento o un'azione, puoi controllare quanto zucchero consumi?

Quello che devi sapere sulla dipendenza da zucchero.

Prima di tutto non sei da solo; la dipendenza da zucchero è probabilmente più comune che l'alcolismo, la dipendenza dalle droghe ed il gioco. Perché? Semplice, lo zucchero è dappertutto, non solo nella tua tazza di tè, nella tua torta, nei biscotti o in una lattina di Coca Cola. Lo zucchero si è sgranocchiato la strada nei cibi più improbabili, come le zuppe, il pane ed anche il ketchup.

In secondo luogo lo zucchero agisce nello stesso modo di certe droghe illegali. Almeno se siamo strettamente correlati ai nostri cugini ratti come gli scenziati pensano. Dei ricercatori hanno dimostrato che un enorme 94% dei ratti ha preferito il sapore dello zucchero e dei dolcificanti alla cocaina. La dipendenza da cibo è verosimimilmente causa del modo in cui il cervello risponde allo zucchero allo stesso modo in cui agisce la dipendenza da droghe.

Terzo lo zucchero è tossico; oramai stai, probabilmente, iniziando a vedere l'intera figura. Lo zucchero da dipendenza e come ogni altra sostanza che da dipendenza è tossico. La reazione può non essere ovvia come un'overdose da cocaina, ma non farti fregare dicendo "è solo zucchero", con il tempo un eccesso di consumo di zucchero è mortale. La carie dentaria, il diabete, una brutta pelle, una carenza di nutrienti, l'obesità tutto arriva per la dipendenza da zucchero.

Gli spacciatori

Se lo zucchero crea dipendenza chi sono gli spacciatori? Smettila di leggere, se sei preoccupato per la risposta.

Sei tu, è il tuo partner, sono i bambini, è l'industria alimentare – è qualsiasi persona che nutre le tue abitudini zuccherine!

Tutti quelli che ti conoscono, chi sa che sei sovrappeso o che lotti contro il diabete di tipo 2 è responsabile di aiutarti a stare lontano dallo zucchero piuttosto che di nutrire le tue abitudini.

Una persona dipendente dalla droga è chiusa in una stanza, un alcolizzato va in clinica, anche chi è dipendente dallo zucchero non può evitare la sostanza da cui dipende. Questa mancanza di supporto dell'industria e della società non deve essere sottostimata. Ci vogliono delle risorse molto forti per perdere il vizio dello zucchero.

Lavorando con molta gente che lotta severamente contro le voglie di zucchero, sono arrivato a trovare alcune vie di fuga contro la dipendenza da zuccchero.

Prenditi ogni ora, una alla volta. Inizia rinunciando allo zucchero oggi – solo oggi. Concentrati su domani man mano che arriva.

Rinuncia allo zucchero. Sembra dura ma come ogni altra droga, non puoi tagliare con lo zucchero se sei realmente dipendente, è tutto o niente. Ricordarsi del gusto dello zucchero è solo una provocazione e ti porterà indietro a tutte quelle sensazioni che arrivano con lo zucchero.

Scarica il pane bianco. Ha un alto Gi che significa che si scompone rapidamente e viene digerito. Non passerà molto prima che ti tornino le voglie. Invece vai con l'integrale, è più soddisfacente.

Rimpolpa le proteine. Le proteine ci mettono di più ad essere digerite piuttosto che i carboidrati quindi includendo un po' di proteine in ogni pasto ti manterrà pieno e materrà le tue voglie a bada.

Realizza la tua vita. È difficile rinunciare a qualcosa che ami senza rimpiazzarla con qualcos'altro. Lo zucchero è un sostegno psicologico per molta gente, se ci rinunci, concentrati su qualcosa d'altro che ti tiri su il morale che sia allenarti o guardare la tua soap preferita

Naturalmente dolcifica con qualcos'altro. Le bacche e le spezie come la cannella e la noce moscata dolcificheranno il tuo cibo e ridurranno le voglie.

Mangia 3 pasti al giorno. Mangia poco e spesso. I livelli di zucchero nel sangue crollano, per molta gente che non mangia regolarmente, si sente affamata e cede più facilmente agli spuntini dolci.

Cerca supporto. Di alla tua famiglia ed agli amici che eviti di mangiare zucchero, così quando li inviti non si presenteranno con torte e biscotti.

CAPITOLO CINQUE: Interrompi la tua dipendenza dallo zucchero: Batti le tue voglie

Contrariamente a quello che molti credono, lo zucchero può dare dipendenza come ogni droga. Mentre, fortunatamente, non si può morire per una overdose da zucchero, puoi rimanere intrappolato in una potente dipendenza dallo zucchero che troverai quasi impossibile da spezzare e che può farti pagare un pedaggio molto alto sulla tua salute nel corso degli anni.

Infatti la dipendenza è un fenomeno complesso, che coinvolge sia il componente fisiologico che quello psicologico. Quando rispondi ad una voglia di zucchero mangiandolo, il neurotrasmettitore dopamina viene rilasciato nel tuo cervello nello stesso modo in cui fanno droghe pericolose, che creano dipendenza. La dopamina è coinvolta sia nel fornirci quei piccoli piaceri che rendono la vita utile, ma anche nell'attivare il cervello ad avviare i movimenti verso le cose che ci danno quel piacere.

Questo aiuta a spiegare perché qualsiasi cosa che è piacevole può potenzialmente creare anche dipendenza. Se vuoi interrompere la tua dipendenza da zucchero, ti consiglio una duplice strategia. Da una parte è necessario affrontare il lato psicologico della tua dipendenza, ma devi anche pensare a come ridurre le tue voglie fisiologicamente, facendo cose che ti aiuteranno a fare sane alterazioni alla chimica del tuo cervello.

Uno degli aspetti più dannosi della dipendenza da zucchero è che può facilmente incoraggiare il mangiare smodatamente in generale. Consumare ripetutamente grandi quantità di zucchero può causare l'instabilità nel tuo livelli di insulina. Cali dello zucchero nel sangue causano voglie di cibo e tendono a spingere il tuo appetito fuori controllo. La presenza o l'assenza di dipendenze allo zucchero possono fare la differenza tra l'essere in grado di controllare le tue abitudini alimentari e l'essere completamente fuori controllo.

Ho lottato contro una feroce dipendenza da zucchero io stesso, una dipendenza che a volte penso di non avere mai battuto. Ho letteralmente avuto i sudori freddi, quando non ho preso la mia dose di zucchero. Nel punto più alto (forse dovrei dire 'nel punto più basso!) della mia dipendenza, consumavo circa 10 barrette di cioccolato al giorno. Non riuscivo a fermarmi. Ma alla fine ho battuto la mia dipendenza e facendolo ho ripreso il controllo del mio appetito. Sono passato dal pensare allo zucchero costantemente a preoccuparmene scarsamente. Ora mangio cose dolci occasionalmente, ma non in modo ossessivo. E quando mi sono trovato a mangiare troppi dolci di nuovo, come ho fatto a volte, ho usato le tecniche che sto per condividere con te per riacquistare il controllo.

Ci sono due cose molto importanti che puoi fare che ridurranno biochimicamente le tue voglie per lo zucchero. Se hai una grave ed incontrollabile dipendenza per lo zucchero (senti di doverrne mangiare ogni giorno e non riesci a fermarti), ti consiglio di fare entrambe queste cose per almeno due settimane prima di provare ad eliminare lo zucchero.

Queste due cose sono:

- Mangiare frutta ogni giorno
- Fare il tipo giusto di esercizi

Anche se entrambe le cose sembrano difficili da fare, non sono così complicate come sembrano.

Prima di tutto la frutta: mangiare una bella ciotola di macedonia ogni giorno per molte settimane ti aiuterà davvero a ridurre il tuo desiderio per lo zucchero. La frutta contiene il fruttosio, una forma di zucchero che è metabolizzata più lentamente che il normale zucchero da tavola e tende quindi a portare un livello di zucchero nel sangue più uniforme. Il fruttosio raffinato, in sé stesso, sembra essere peggiore per la salute dello zucchero ordinario, quindi non essere tentato di comprarlo e di aggiungerlo al tuo caffè. Ma la frutta fresca sembra essere, in modo schiacciante, buona per la tua salute ed infine ti aiuterà a battere la tua dipendenza.

Se trovi difficile mangiare frutta, come è successo a me (particolarmente se mangi molte cose dolcificate artificialmente come il cioccolato ed i gelati, la frutta non avrà un gusto così dolce per te), prova a fare macedonie. Taglia i tuoi frutti preferiti, mischiali insieme e gustane una generosa porzione ogni giorno.

Sii consapevole che la frutta varia in termini di qualità, quindi potrebbe essere necessario cercare la frutta di tuo gusto. Non tutte le mele sono uguali! Assicuraqti anche che la tua frutta sia matura prima di consumarla. Potresti avere bisogno di lasciare maturare la frutta nella tua cucina per qualche giorno dopo averla comprata.

Se trovi noioso preparare la frutta, sperimenta una via più veloce per preparare la macedonia (dovresti essere in grado di tenere il tempo di preparazione sotto i 5-10 minuti con un po' di pratica) ed entra nell'abitudine di prepararla alla stessa ora ogni giorno. Puoi mantenere la macedonia ragionevolmente fresca per tutto il giorno in un contenitore di plastica a tenuta stagna. Anche la frutta, come le mele o le banane, che diventano scure se tagliate e lasciate all'aria, rimarranno abbastanza fresche se mischiate con frutta succosa, come le arance tagliate o l'uva tagliata e sigillata in una scatola a tenuta stagna.

Una buona combinazione per provare la macedonia sono:

- mela, banana, arancia

- melone, uva, banana

- pesca, arancia, melone

- ... e qualsiasi altra cosa tu voglia provare.

Non essere tentato di usare la frutta in scatola. Per ragioni che non capisco, non sembra frenare le voglie di zucchero nello stesso modo. Ed in quanto alla frutta disidratata – stai alla larga! Ha così tanto zucchero che potrebbe far peggiorare le tue voglie.

Dovresti fare attenzione anche ad i frullati, che potrebbero avere molte calorie se mischiati con il gelato. Comunque, a volte, mi ritrovo nella stretta della dipendenza, mi piace usare l'opzione 'nucleare' di un milkshake alla banana per aiutarmi a stare alla larga dallo zucchero. Usa un frullatore per frullare banane mature con latte parzialmente scremato. Puoi anche congelare le banane mature e frullarle mentre sono ancora semi-congelate per un delizioso drink dolce che è così buono che non crederai che ti faccia bene.

Oltre a consumare frutta tutti i giorni, considera anche di fare esercizi aerobici. Gli esercizi aerobici o cardiovascolari ("cardio") sono un potente soppressore dell'appetito ed hanno anche un effetto di soppressione delle voglie. Sorprendentemente, studi recenti hanno dimostrato che questo tipo di esercizi, provoca anche la crescita di dimensioni di parti del cervello, garantendoti una maggiore acutezza mentale.

Il tipo di esercizi di cui hai bisogno per ridurre le voglie di zucchero sono del tipo che ti fanno respirare di più ad un grado che sembra faticoso ma ancora confortevole e che rendono i battiti del tuo cuore più veloci. Preferibilmente dovrersti sudare. Non devi andare in palestra o correre intorno all'isolato; puoi comprare una ciclette o un cross-trainer ed usarli nella privacy della tua casa. Anche una corda per saltare andrà bene. Mentre l'attrezzatura per esercizio poco costosa può essere inutilizzabile e scoraggiarti nel fare esercizio, una buona ciclette od un cross-trainer possono essere acquistati per un centinaio di dollari online e spesso potrai anche noleggiarli localmente.

Prova a fare mezz'ora di esercizio ogni giorno. Inizia i tuoi esercizi con un riscaldamento leggero di cinque minuti. Ascolta la musica mentre ti eserciti; cerca una canzone in levare, dal ritmo veloce che ti piaccia ed ascoltala su un lettore mp3 mentre fai esercizio. Una volta fatto il riscaldamento, permetti alla musica di invogliarti ad esercitarti più duramente.

Se non sei abituato ad esercitarti, puoi aver bisogno di cominciare facendo solo 5 minuti di allenamento alla volta mentre ti abitui, ma stai sicuro che ruscirai ad abituarti ed imparerai a goderti gli esercizi.

Una volta abituato a queste tecniche per diminuire le voglie, elimina lo zucchero. Fisiologicamente, non hai bisogno dello zucchero. La frutta ne contiene abbastanza in una forma sana, in ogni caso. Prima di tutto potrebbe mancarti lo zucchero moltissimo, ma continua ad evitarlo; con il tempo, forse dopo qualche settimana, non penserai più allo zucchero. Poi ti potrai permettere di gustare cibo zuccherato di tanto in tanto come premio. Ma la tua dipendenza dallo zucchero, la cosa che te lo fa mangiare ogni giorno e ti fa sentire male anche se non vuoi niente di più e non puoi farne a meno – questo deve essere interrotto, se vuoi riguadagnare il controllo sulle tue abitudini alimentari.

Per aiutarti ad affrontare le tue voglie psicologicamente, prova a rimpiazzare il tuo consumo regolare di zucchero facendo qualcos'altro di piacevole. Guarda la TV o gioca con il computer se lo devi fare; fai qualsiasi altra cosa, per passare attraverso le prime due difficili settimane di voglie.

Se sei sovrappeso, chiediti se vuoi quella barretta di cioccolato o vuoi essere magro. Probabilmente non puoi avere entrambe le cose. Non permettere a te stesso di pensare che puoi rimandare la sfida per sempre; riconosci che le tue voglie devono essere affrontate in maniera diretta. Se, in particolare, brami lo zucchero ad un certo punto della giornata, preparati per la battaglia.

Se ti prepari a sufficienza mangiando frutta e preferibilmente esercitandoti, potrai ridurre le tue voglie ad un livello gestibile, allora potrai iniziare a vincere la tua battaglia contro le tue voglie. Dopo qualche settimana non ti ricorderai neanche perché avevi problemi così terribili.

Interrompi la dipendenza da zucchero, perdi peso, molla il tuo capo o cambia paese.

Alternative sane allo zucchero per una vita più sana

Molte persone pensano ancora che al corpo umano serva lo zucchero. Il fatto è che il corpo ha bisogno di una specifica quantità di carboidrati che si trovano nel riso, nel miglio, nelle patate dolci e nelle zucche. Questo componente ha 2 zuccheri connessi in una singola molecola, mentre i carboidrati complessi ne hanno migliaia connessi gli uni agli altri. Possono essere anche la causa principale dei problemi fisici e mentali. La buona notizia è che ci sono delle alternative a questo e non hanno effetti collaterali negativi.

Eccone alcuni:

* Certi sciroppi o certi zuccheri contengono tutte le vitamine, i minerali e le fibre che servono. Possono essere usati in uguali dosi come diretta

alternativa all'originale. Non causano l'esaurimento di energia in quanto la loro attività metabolica è lenta.

- Nettare di agave. E' un succo naturale rimosso dall'agave. E' la stessa pianta usata per fare la tequila. Il nettare di agave non causa instabilità drastiche nel sangue, quindi i livelli di energia sono più affidabili.

- Lo xilitolo è il dolcificante consigliato per chi è diabetico ed intollerante allo zucchero. Si ricava da fonti naturali come i vegetali e la frutta. Ha il 40% in meno di calorie rispetto allo zucchero. La sua migliore caratteristica è quella di ridurre l'incidenza della carie dentale, quindi offre protezione contro la carie.

- La stevia è un'erba che si trova in Sud America. Per centinaia di anni, è stata usata largamente dagli Indiani Guarani del Paraguay come dolcificante. Ha un gusto appetibile e stimolante ed è 30 volte più dolce dello zucchero. La stevia non ha calorie. Non stressa i livelli del sangue. Come dato di fatto, essenzialmente, aiuta a controllare i livelli di zucchero nel sangue. La stevia ha due forme: polvere e liquido. Ogni forma funziona in maniera sana con diversi cibi come la farina d'avena e le bacche.